JN418753

옹기장이 발길 따라 노래하는 시

이안옥 요안나 시인

추천사

순교자의 길을 걸으며 그분들의 발자국 모양에 꾹꾹 맞추어 걷는 것은 우리에게는 너무나 감격스럽고 영광된 일입니다.

몇 년 전 구산성지로 순례를 오신 자매님께서 책 하나를 저에게 보여 주셨습니다. 한국천주교 중앙협의회에서 펴낸『한국 천주교 성지순례』라는 책이었습니다. 책에 소개된 모든 성지를 빠짐없이 순례하며 순례도장을 찍고, 시 한 편씩을 지어 책에 풀로 붙이셨습니다. 두 배 이상으로 두툼해진 책의 시를 다 읽어 보기도 전에 그 정성만으로도 감동이었습니다. 그래서 제가 맡고 있는 수원교회사연구소의 소식지「상교우서」에 시 몇 편을 연재하였는데, 이제 그 모든 시를 모아 한 권의 시집으로 내신다는 소식을 듣고 참으로 반가웠습니다.

시인께서는 한국의 성지 곳곳을 누비며 기도하셨을 것이고, 그곳에서 하느님께 모든 것을 내어놓은 순교자들과 직접 만나셨을 것입니다. 성지를 순례하는 길에 가랑비처럼 내렸을 신앙선조의 숨결이 방울방울 아름다운 시어詩語로 맺히고 한 편 한 편의 시로 모여 은총의 샘이 되었을 것입니다.

큰 용기 내어 시집을 내시는 자매님께 깊은 감사를 드립니다. 이 시들이 순교자를 본받는 사다리 한 칸 한 칸이 되어, 순례의 길을 나서는 독자들께도 좋은 표양이 될 것이며, 하느님께 영광을 드리는 데 한 걸음씩 딛고 오를 수 있는 발판이 되길 기도합니다.

구산성지 지기 겸 수원교회사연구소 일꾼

정종득(바오로) 신부

Paulus.

작가의 말

여명이 밝아오는 새벽 예수님께서 세상 어둠을 몰아내시고 부활하신 빛의 동굴은 오늘도 우리를 새로운 삶의 길로 부르십니다.

또한 순교자들께서 가신 길은 사랑과 고통이 함께 어우러진 삶이었기에 더듬거리며 따라가고 있습니다.

정난주 마리아는 북풍한설에 인적이 드문 추자도 갯바위에 두 살 된 아기를 내려놓고 뒤돌아섭니다. 추위와 굶주림에 시달린 아기와 엄마는 침묵하는 하늘에 모든 것을 내맡긴 채 이별을 합니다. 엄마는 영원히 변치 않을 뜨거운 사랑의 눈물로 아이를 포근히 감쌀 옷을 지어 입히며 아기의 이름을 목 놓아 부르고 또 부르며 서둘러 떠납니다.

오늘은 저도 그 아이를 안아 봅니다.

소중히 간직한 순교자님들의 옹근 삶은 수난의 가시밭길을 가셨고 저는 당신들이 피 흘려 씨 뿌리고 눈물로 가꾸어 놓은 꽃길만 걷고 있습니다.

그동안 애써 도와주신 강해련 유스티나 님, 백신욱 베드로 님, 특별히 귀한 시간 허락하여 주신 정종득 바오로 신부님께 깊이 감사드립니다.

2024년 12월
이안옥 요안나

차례

03 대전교구

04 인천교구

05 수원교구

06 원주교구

07 의정부 교구

08 대구대교구

09 부산교구

14 전주교구

15 제주교구

01 서울대교구

광희문 성지

명례방

명동 대성당

바람은
홀로 보내지 않았다

새남터에도
홀로 보내지 않았고
바람은
어디든지 눈물과 함께 갔다
명례방에도 함께 왔다

바람은
눈물을 당신께 곱게 접을 때까지

바람은
홀로 보내지 않았다

* 성지 순례는 한국 천주교회의 상징 명동 성당부터 시작했다. _2015.3.7.

지혜의 문

가톨릭대학교 성신교정

여기 문에는
지혜라는 한 그루 나무를 심었습니다

그 나무는 풍성하게 자라나서
많은 이에게 지혜를 나누어 줍니다

지혜를 찾는 사람 누구에게나
한 번도 맛보지 못한
한량없는 사랑을 베풀어 주니 목마르지 않습니다

지혜여
당신을 갈망하는 작은 마음에
사랑의 나무를 꼭 심고 싶습니다

* 지혜와 더불어 사는 사람을 사랑하시는 하느님. _2015.3.7.

영원한 영광

광희문 성지

진통으로 몸부림치며
깊은 어둠 속 지나간 당신

이 땅 희망의 빛 되어
님 달게 받은 고문으로
땅의 먼지 털었으니

해보다 더 밝고
공기보다 더 가벼운 영혼 되어
양날개 새처럼 펼치고
새 생명으로 다시 오셨으니
봄날이 따로 있을까요

죽음 이긴 당신에게
영원히 복되다 하리

* 박해시대에 수많은 순교 선조의 시신이 이 문을 통해 버려졌다. 살아서 들어가 주검으로 나온 문, 생과 사의 갈림길. _2015.3.7.

해바라기 가족

당고개(용산) 순교성지

아침이슬 머금고
언덕 위에 곱게 피어난 야생화

모진 고문에도 진실한 사랑을 위하여
온 누리 빨갛게 물들이고
밤이슬에 핀 꽃이여
새벽을 가져오는 별이여

모진 고문보다 더한 이별
아직은 풋내 나는 가녀린 새싹들
가신 길 발걸음마다
마음에 담아 함께 가는 길

언덕 위에 곱게 피어난 야생화
마리아 가족

* 최양업 신부의 어머니 복자 이성례 마리아와 아홉 분 신자의 순교 터.
모성애까지 초월하여 순교의 월계관을 쓴 어머니의 성지. _2015.3.10.

삼성산 품에 안긴 고운 님

삼성산 성지

목마른 십자나무 바라보며
고난의 끈 놓지 않고 달려가면
하늘 끝 보입니까

감당할 수 없는 설렘에
무딘 맘 부드러워지고
생명의 음성에 귀 세워
당신을 까치발로 바라봅니다

빛 속에
보이지 않는 빛은
아주 느리게 가는 빛입니까

빠르게 가는 시간은
천천히 가는 세월 속에서
님 그리움만 안고 갑니다

* 앵베르 주교, 모방 신부, 샤스탕 신부 세 분 성인의 유해가 안장된 곳.
  양들을 위해 스스로 죽음을 선택한 성인 목자 세 분. _2015.3.10.

빛으로 오신 님

새남터 순교성지

노들강변
울창한 나무와
새들 노래 어우러진 숲속에
무죄한 죄인 장대 끝에
매달린 별

인간이라고는
차마 볼 수 없는
버림받은 무죄한 사학 죄인
거친 세파에 시달려도
어둔 세상 밝히는 사랑의 등불

외줄타기 세월에 흔들릴 때
당신 빛에 점화되어
작은 등 하나 밝힐 수 있을까요

* 모진 박해 시기, 순교에 순교가 이어진 거룩한 터. _2015.3.10.

은하의 땅

서소문 밖 네거리 순교성지

푸른 솔 우거진
서소문 밖 네거리 언덕 장대 위
별들이 반짝이고 있습니다

“달은 떨어져도 하늘에 있고
물은 솟구쳐도 연못에서 다한다”(이승훈 베드로)

이 반석 위에
수많은 밀알 떨어져
은하의 별들로 숨겨져 있습니다

겨자씨만 한 믿음 품고 있다면
죽어도 죽지 않으리오

* 물은 칼로 베어도 상처가 없고 바람은 날개가 없어도 날아가며, 사람은 죽어도 영원한 생명으로 존재하며, 보이지 않는 것은 보이는 것 안에 존재한다. _2015.3.7.

별들의 찬미

왜고개 성지

혼돈의 밤거리
노고산 기슭에 찾아온 님
양 냄새 물씬 풍겨나는 양치기

맘속 깊이 심겨진 복된 씨
하얀 백합으로 피어나니
세월도 멈춰 선 젊은 이 동산

님이 심고 가꾸던 씨앗들이
산새들과 어울려 노래하고
탐스런 열매로 무르익었네

이 동산 밤새도록
진주빛 이슬로 취한 보물 동산

* 그 흔한 돗자리 하나 펴 드리지 못하고 차디찬 흙바닥에 계셨으니 한없는 안타까움이 밀려듭니다. 작은 이 맘 당신을 사랑합니다. _2015.3.10.

성령님 머무시는 곳

용산 예수성심신학교

멀리 있어도
언제나 따뜻한 울타리가 되는 사람

한 번의 만남도 없지만
잊을 수 없는 훈훈한 사람

오늘은 그런 당신을 뵙고 싶어서
선걸음에 달려왔습니다

외로운 당신 눈물 떨어진 곳에
사랑의 향기 따러 왔어요

하오나
무화과나무도 오를 수 없는 이 맘
어찌하오리까

* 성당은 조용하고 아담하여 다정다감하다. 조용히 기도하고 나오지만 더 머물고 싶은 아쉬움이 남았다. _2015.7.9.

양화 나루터

절두산 순교성지

벼랑 끝에 매달린 별들이
천년지기 꽃무리로 피어나고
유유히 흐르는 한강물은
모진 세파에 애환을 펴 나르네

시린 맘 설레게 한 당신
길 잃은 양들에게
양화 나루터 등대지기로

엄동설한 하얀 눈 속
고운 님 빨간 동백 꽃물로
이 강산 흠뻑 적시네

* 수많은 천주교인이 목이 잘려 순교한 절두산切頭山 성지.
가파른 숨결이 파도처럼 밀려온다. 한강이 피바다였던 지난날이 현실처럼 온몸에 한기를 느끼게 한다. _2015.3.10.

옹기장이
발길 따라
노래하는 시

02 춘천교구

양양 성지

*푸른 잎의 기도

강릉 대도호부 관아

푸른 하늘과
빛을 만드신 하늘을 바라보면
사학 죄인이 됩니까

칠사당 동헌 마당 한가운데
슬픔 내려놓고
푸른 잎이 하늘로 올리는 쉼 없는 기도가
우리 맘 정결케 합니다

맑은 영혼이시여
죽음 넘어선 당신 믿음
세상은 모르는 신선한 충격
살짝이 귀 드릴게요

온밤 이슬에 젖은 잎이
당신 정결을 배워
아픈 맘 비워 내고 있습니다

* 박해 당시 천주교인을 심문하고 옥에 가두었던 곳.
하슬라河瑟羅로 불려 온 고도 강릉에도 순교의 보혈이 살아 있다. 칠사당 동헌 마당에 아직도 고목으로 굳건히 서서 푸르름을 간직한 나무를 붙잡고 떠날 수가 없었다. _2015.9.30.

기도하는 요람 성지

곰실 공소

박해의 두려움에도
별 보고 달 따라 가며
기도만 먹고 사는 사람

오로지 하늘만 바라보며 숨 고르더니
무거운 육신의 짐 벗어
시공간 자유로운 님

내 영혼
편안함에 안주하고 싶을 때
당신 어깨에 기대어 기도하게 하소서
당신의 맑은 기도 소리 들으며 정결케 하소서

* 엄주언 마르티노가 공동체를 이루어 신앙생활을 하던 곳.
천 년을 살아도 지혜의 귀가 열린 사람과 닫힌 사람의 길은 달랐다. 어린 나이에 하늘을 섬길 줄 알았던 신앙 선조의 열정을 본받고 싶다. _2015.3.18.

에덴의 동산

금광리 공소

시집갈 준비된 감은
수줍어 나뭇잎 뒤에 숨었네

님 가신 길은
의당 세우며 가신 길

민들레 노란 미소로 반기고
조용하고 아담한 마당은
생수가 흐르고 각가지 생명이 살아 숨 쉬는
작은 에덴동산
하늘의 숨결이 깃든 곳

고요하고 포근한
어머니 품에 잠겨 봅니다

* 동네 할머니를 만나 성당 가는 길을 여쭈어 보니 천주교 신자들이 의롭게 살아서 의당이라 한다고 했다. _2015.9.30.

봄은 오는가

양양 성지

냉골에
해가 걸어서 싸리재 넘어가니
하늘 거스르는 바람이 매우 차갑구나

원산 와우동 살육현장에
순교자는 포로가 되어
목마른 혀에 별들이 남기고 간 발자국 어찌 잊으리

총탄에 쓰러진 목자
양들 가냘픈 목소리 들으며
절망에서 손잡아 준 위로의 손길

철조망 넘어온 봄
순교자 빈 무덤 옆에 서서
통일의 그날 기다리다
기린 목이 된 봄바람

* 순교자 이광재 티모테오 신부님, 와우동에서 시신도 돌아오지 못함을 안타까워하며 북쪽 하늘만 하염없이 바라보며 통일을 기다린다. _2015.9.30.

왕좌의 성지

죽림동 순교성지

쪽마루 걸터앉은 긴 저녁노을
실향민 찾아와 아픈 맘 달래 주고

화전을 일구며
천주실의 주교요지 주경야독하고
짚신 삼아 천주 공경하더니

믿음의 위대한 순교영웅 엄 말딩 영혼이
천주 공경하는 황금옥토로

고은리 윗너부랭이 마을에
솟아오르는 아침 햇살처럼
폐가는 왕좌의 어좌라네

* 성당 뒤 순교자 묘역에 엎드려 불가능을 가능하게 하는 주님을 믿습니다 하고 고백했다. _2015.3.18.

03 대전교구

솔뫼 성지

하늘 성소

갈매못 순교성지

왕궁에 왕자 혼인 잔치
영보리 바닷가 갈매못엔
동백 꽃물로 모래 적시고

음표로 된 뜨거운 눈물
성모 마리아 해진 치마폭 적시며
질곡의 통곡 소리 구노의 아베마리아
은총의 어머니

오성바위에 걸터앉아
주막집 막걸리로 목마름 달래는 찬양노래에
눈이 큰 하늘이 은방울 음표를 땅에 쏟아내고

군문효수로
죄 아닌 죄로
오성의 사학 죄인 성자 머리 위에
은빛 무지개 영원하리니

* 이름 모를 신자들과 다블뤼 주교, 오매트르 신부, 위앵 신부, 황석두, 장주기 다섯 성인이 순교하신 곳.
가난한 목자를 찾아 오늘 여기 왔습니다. 양들의 희생이 더 없기를 바라는 마음으로 목숨을 바친 목자의 다정한 목소리가 지금도 들려옵니다. _2015.7.20.

들꽃 정원

공세리 성당

병인 풍파 난파선에
"내 평생 천주 공경 실답게 하지 못하였더니
오늘 주께서 나를 부르셨노라"(박원서 마르코)

해암리 맹고개 이름 없는 들꽃이
진리의 덫에 걸려 무덤 없는 바다로 흘러가고

거룩한 당신 가신 그 바다에 이 몸 씻으면
뿌리까지 시린 내 영혼 소생할 수 있을까요

* 박의서, 박원서, 박익서 "우리 삼 형제 위주 치명하자!" _2015.7.14.

별들의 노래

남방제

거렁뱅이 동냥 그릇이 된 초라한 모습

소소리바람이 일면
양 떼들은 산 같은 절벽 앞에서
죽음의 두려움 이기며
님 위해 몸 바치네

헝크러진 머리칼
온갖 비아냥거림도 못 들은 체
삼 대가 가신 길
산 너머 용머리 무덤 위에
평화의 데이지꽃으로 오신 님들

영롱한 일곱별
남방제 오솔길에서 만나 뵐 수 있는 기쁨이 뿌듯해 옵니다

* 할아버지 조 안드레아, 아버지 조화서 베드로 성인, 아들 조윤호 요셉 성인과 순교자들이 생활하던 교우촌.
기쁨과 슬픔이 나를 한동안 아무 일도 할 수 없게 만든다. 그저 조용히 침묵하게 한다. _2015.9.10.

아름다운 섬으로 오세요

배나드리

마음이 가난한 사람에게
삶도 죽음도 함께하자고
옹기그릇에 떨어진 생명의 씨앗

육지에서 섬 배나드리로
배나드리섬에서 육지로
어디도 기댈 곳 없는 당신
차라리 감옥은 자유로웠네

붙잡아도 잡히지 않는
보여도 보이지 않는 당신이기에
세상에 있어도 세상 사람이 아닌
하늘나라 자유로운 영혼의 비밀

작은 섬 배나드리에서
비밀 이야기 듣고 싶어요

* 혹독한 형벌에도 신앙을 지키다가 옥사로 순교하신 그 믿음, 우리 신앙의 뿌리!
_2015.7.17.

바람도 숨은 곳

산막골 · 작은재

아픈 가슴 뜨겁게 채우는 발자국마다
눈물 가득하고

독뫼와 작은재 사이
야자수 나무 세파에 시달려도
묵묵히 지켜낸 로고스
그 큰 그릇 영원하기에

두 손 모아 기도드리는 은총의 마리아
마디마다 묵주 알알이 장미꽃 되어
기도가 아니면 갈 수 없는 길

아베마리아
우리 작은 맘 살펴 주소서

* 엄혹한 박해를 피해 숨어 살던 귀하신 분들이 하늘나라를 나에게 안내해 주셨다.
_2015.7.25.

성체의 등불이 켜지다

성거산 성지

신성한 오색구름 맴돌면
동트는 씨앗골 이름 없는 순교자 무덤에
따스한 햇살이 잔디 쓰다듬는다

차령산맥 요람성 이름 없는 별에게
이름표 달아 주고
님과 함께 소리 없는 합성으로
하늘 향해 목이 터져라 외치고 싶나

저 별이 겹겹이 업 지나가도
당신이 당신의 주를 사랑했듯이
그렇게 살고 싶다고

* 잠들어 계신 이름 모를 순교 선조들처럼 초롱초롱 오밀조밀 이름 모를 야생화들이 반겨 주는 곳. _2015.9.10.

꿈나무 동산

솔뫼 성지

푸른 소나무 송화씨
멀리 날아가는 솔뫼 동산에

사 대가 숨 고르며 이어온
소명의 삶 껴안고
여덟 번 칼 아래
울지 못한 꽃 무궁화여

당신 꿈을 키운 솔뫼 동산에
무궁화 가꾸는 동산지기로 살 수만 있다면
한 번 숨 백 번 죽은들 어떠하리오

꿈이 깃든 목자의 고향
성소의 제단에서 아픔에 짓눌려도
설레는 맘으로 살 수만 있다면

* 한국의 첫 사제 성 김대건 안드레아 신부 탄생지.
너무나도 성스러운 곳, 할 말을 잃었다. _2015.7.14.

성모님 오시는 길

수리치골 성모성지

당신 오시는 길은
멀고도 험난한 길
하오나 말없이 오시옵니다

베들레헴 작은 고을에도
수리치골 둠벙이 마을에도
허스름한 오두막 외딴집에도
아무 말 없이 오시는 어머니

어머니와 함께라면
언제든지
어디든지
따라가고 싶은 맘 잊지 말아 주소서

어머니
곰곰이 생각한 자비심에
저를 꽁꽁 묶어 주소서

* 성모님이 가신 길 오신 길은 가난하고 보잘것없는 이들과 함께하셨다. 그래서 어머니는 오셔도 오시지 않은 듯이 오셨다고 생각한다. _2015.7.25.

목자의 고향

신리 성지

파란 두 호수에
눈물 가득 고이면
목자는 뛰놀던 머~언 고향 찾아
창공을 나르는 새처럼 자유롭고

잔잔한 바람 소리에도 놀라
숨소리 삼키고
낙엽 지는 소리도 천둥소리로
바쁜 걸음 멈춰 선 당신

목자의 영혼에 곱게 접어 온
소중한 생명의 씨앗
눈물로 씨 뿌리던 목자는
풍성한 수확을 거두어들이네

자식과 부모 다 기린 목 되면
만날 수 있으리까

* 눈멀고 귀 닫아버린 우리를 주님 말씀으로 새롭게 해 주셔서 진심으로 감사드립니다. _2015.7.15.

하늘 보물이 묻힌 곳

여사울 성지

씨는 썩어 꽃이 되고
꽃은 화려함을 버리니 열매를 맺고

말씀은 사람이 되고
사람은 다시 말씀과 함께 살아
이존창 새로 나셨네

박해의 칼 아래 믿음을 지킨
죄 아닌 사학 죄인 너울 쓰고
거룩한 고백의 노래
이런 고백 한 번 해 봤으면

차령산맥 동쪽 끝자락
이존창 생가터는
나의 뜬 눈
어두움으로 덮네

* 그 옛날 옥에 갇힌 당신 앞에 엎드리니 오늘인가 착각합니다. 옥에 갇혀 있어도 영혼은 날아갑니다. _2017.7.17.

님과 함께면 외롭지 않네

원머리

살아서도 죽어서도
정결한 당신은
후손에게 귀감이 됩니다

바닷가 언저리의 삶
참신하고 정결한 님

바닷물이 한 공동체를 이루듯
하늘만 바라보며 사랑했던 사랑을 위하여
차디찬 세월 속에 수계생활로
없는 듯 우리 곁에 계시므로

수정 같은 꽃이기에
가까이 가서 마주한다면
행여 누累가 될까 봐
다녀가지 아니한 듯 둘러 옵니다

* 무심한 바다는 당신들의 친구였고, 오늘은 나에게도 말없이 혼자 노래 부르며 그때 애달팠던 노래를 들려줍니다. _2015.7.14.

합격통지서 받았네

지석리

유랑하는 나그네
머~언 길 님 찾아 나선 길

오묘하고 신비스런
빛과 어둠의 두 갈래 길

사랑나무에 매달린 합격통지서
웃어야 할까
울어야 할까
통지서 끌어안고 발걸음 재촉하는
민들레 홀씨 당신

당신 가신 그곳에 가고 싶어
애원해도 갈 수 없는 길

* 병인박해로 순교한 두 분 성인 손선지 베드로와 정문호 바르톨로메오의 고향. 행길을 걸어서 가기로 작정하고 처음엔 부지런히 걸었다. 가도 가도 성지가 보이지 않아 지쳤다. 태양이 정수리에 내려앉았다. 그때 길가 돌에 새겨진 성지 푯말이 보였다. _2015.7.25.

효성 지극한 아들

진산 성지

죽은 자를 위하여
산 자가 죽었고
어머니 유언에
알뜰한 아들이 죽었다

진산 가새벌에
폐제분주 삼강오륜 강상의 윤리로
수많은 신도가
세상이 펼친 거미줄에 걸렸고
생명 없는 나무에 걸려
죽은 자는 살고 산 자는 죽었기에

살고 싶으면 죽어야 하는
숨겨 놓고 알려진
신비로운 비밀의 문 찾아가는
떠돌이 순례자

* 한국 최초의 순교자 복자 윤지충 바오로와 권상연 야고보를 기리는 곳.
전주 남문 밖 순교 형장에서 한참을 멍하니 서 있었다. 지금도 그 자리에 서 있는 느낌이다. _2015.9.23.

신앙의 옹달샘

청양 다락골 성지

오소산 기슭
두메산골 낮은 언덕에
하늘 품은 죄로 여기에 잠들고

줄줄이 늘어선 무덤 이름 없어도
밀알 썩어 하늘의 이름으로 다시 태어나
꽃보다 예쁜 이름 받아들던 날

세상 모든 것 다 비워도
못 버린 사학의 보화
유랑자 방랑자
쓰디쓴 발걸음 당신 가신 길

발걸음마다 당신은
나무요 꽃이요 향기랍니다

* 무명 순교자들의 줄무덤이 있는 곳.
최경환 성인과 최양업 부자, 이분들의 삶은 가난하고 겸손함이 묻어 있었다.
_2015.3.24.

*목자를 따라서

합덕 성당

보슬비 종탑에 앉아 쉬는데
바람은 바쁘다고 종 울립니다

박해의 매질 소리
아직도 생생히 살아남아
주위를 맴돌고

지혜는 죽어도 죽지 않고
새 생명이 되돌아오고

보이지 않는 지혜는
보이는 것 너머에서
언제나 가슴 설레게 합니다

* 박해시대 유산이 보존되어 있는 곳.
일손 바쁜 성당 주위 분들과 대화 중에 선친들로부터 들은 이야기는 천주교 신자가 너무 많이 죽는 것을 보았기 때문에 성당에 안 간다고 한다. _2015.7.14.

별들의 정거장

해미 순교성지

이름 석 자 적어 놓고
먼 길 재촉하며 떠나가신
해미는 하늘이 가까운 역인가요

하늘 영광 위하여 다 버리고
아침이슬처럼 사라졌어도
님 핏방울 떨어진 여숫골 진둠벙이는
사랑의 샘이 되었습니다

영원히 빛나는 별에게
이름 없는 이름에게
사랑이란 이름으로
소리 없이 목 놓아 외쳐 봅니다

* 수많은 무명 순교자들이 신앙을 지키며 처형된 곳.
이토록 영광스럽고 위대한 당신들을 잊고 살아온 죄인 여기 왔습니다. 만 번 죽어도 아깝지 않은 죄인입니다. _2015.7.17.

두 개의 천당

홍주 순교성지

많은 세월 흐르는 동안
당신 기도로 청포도와 흑포도가
알알이 갈무리되었고

정자나무 등걸에
숨 쉴 틈도 없이 오랏줄로 꽁꽁 묶인 당신
침묵으로 지켜본 고목도
상처 입은 세월 벗어나지 못하네

세찬 바람 이긴 금강송도
당신만 하오리까
아침햇살 힘차게 솟아오르는 태양도
당신 볼 수 있으리오

님 깊은 침묵은
하늘의 지혜를 소중히 감싸고 있나니

* 여섯 군데 순교 터가 있으며, 무명 순교자 1천여 명이 탄생한 곳.
청사 토방에 올라서니 보고 싶지 않은 선조들의 순교 형장을 보는 것만으로도 고통스러웠다. 돌아서는 발걸음이 무겁다. _2015.7.17.

성지에 오신 천사

황새바위 순교성지

피로써 고백의 순간
제민천 강물도 펄펄 끓으며
뜨거운 눈물 쏟아 냅니다

까치발 딛고도
보이지 않는 천사의 나라
하얀 깃털 속에 숨겼나요

지평선 넘어가는
황새바위 끝자락에 서서
초라한 날개 펴 봅니다

제민천 맑은 물에 내 영혼 헹군다면
황새처럼 가볍게 그곳에 갈 수 있을까요

* 참으로 거룩한 땅. 1백여 년 동안 줄곧 피로써 신앙을 지킨 순교 선조들 곁에 머무는 것보다 더한 행복이 없다. _2015.7.25.

옹기장이
발길 따라
노래하는 시

04 인천교구

갑곶 순교성지

신앙의 등대

갑곶 순교성지

바닷물 박차고
빛으로 만든 배에 올라
빛 속으로 홀연히 사라진 영혼

갑곶 나루터 진두에서
뜨거운 열정을 하늘에 옮겨 놓고

님은 말뚝에 묶여도 마다하지 않고
지평선 너머까지 밝게 비추고 있습니다

병인양요의 밤을 비추던 별이
지금 바다에 내려와
우리와 함께하고 있습니다

* 갑곶 층계를 오르며 순교 선조들이 우리에게 주신 믿음의 계단인가 싶었다. 한 계단 한 계단 쉼 없이 올라오라고. _2015.7.7.

형 닮은 아우

이승훈 베드로 묘

형 따라 가신 길
죽어도 함께 가신 길

"달은 비록 서산에 지더라도 하늘에 남아 있음과 같이
내 신앙은 천주 안에 남아 있고
물이 비록 못 위로 치솟아도 그 못 속에 온전함같이
내 신앙 앗아가도 변함이 없다"(이승훈 베드로)

당신 회개는
무딘 맘 넉넉함으로 채우니
그리움 가득히 담아 당신에게 드립니다

갈릴래아 호수에 모인 물고기 떼
님 노래에 설레어
귀 열고 눈 감을 줄 모릅니다

* 이분을 나는 참 존경한다. 그것은 인간적인 약점이 있기 때문이다. 뜨거운 가슴으로 큰절을 올렸다. _2015.7.7.

일만 위의 빛나는 별들

일만 위 순교자 현양 동산

알면 알수록
알 수 없는 당신

보고 보고
또 봐도 볼 수 없고
하늘만이 아시는 일

오직 빛이신
그분만이 주인이라고 섬기며
몸부림쳤던 고백의 순간

일만 위란 '순교자 현양탑' 어전에
사랑이란 이름으로 안겨 드리리라

사랑이란 그 이름 샛별처럼 빛나리

* 공든 탑은 무너지지 않는다. 선조들의 전승이 어찌 무너지랴. 무거운 침묵으로 마지막 날 상을 주시려고 기다리신다고 믿는다. _2015.7.7.

아픈 상처 고스란히 간직한

진무영 순교성지

짓밟힌 야생화
속울음 터뜨리고
순교로 흘린 피
땅속 깊이 숨어서 우네

치명자님
님 위한 위대한 고백
신과 사람이
거리 없는 거리
마주 보는 거리가 되고

섬과 섬 사이에
무지개 영롱한 다리로 님이 오시리

* 당신 가신 가시밭길이 우리 삶 속에 뼛속까지 젖어들어 옵니다. _2015.7.7.

옹기장이
발길 따라
노래하는 시

05 수원교구

구산 성지

밝은 달 성지

구산 성지

망월동
은빛 머리 갈대밭에
휘영청 달이 떠오르면

목자의 소중한 하루는
“나는 천주교인이요
살아서도 천주교인으로 살고
죽어도 천주교인으로 죽고자 할 따름이오”(김성우 안토니오)

어두운 밤
거북등에 불꽃처럼 타올랐던 별의 생애가
하얀 연기로 피어오르고

님 머물던 갈대숲에
이제 님 떠난 그곳에
새벽 안개로 가슴 흠뻑 적신다

* 성인 김성우 안토니오와 여덟 분의 순교자를 기리는 곳.
자주 성지를 찾는다. 갈 적마다 신선한 선비네 집이란 느낌이 든다. 예수님께 안수해 달라고 머리 숙이고 좁은 문을 지날 적마다 천국으로 들어가는 문으로 착각한다. _2015.3.15.

성지에 오신 성모님

남양 성모성지

성모님 넓은 자애 바다에
풍덩 빠지고 싶어요

당신은
우리를 지켜 주는
늘 풍요롭고 완전한 바다입니다

당신은 천상 음식을
자비와 사랑으로 인도해 주시니

성모님
당신 영혼의 숲은 둥글둥글해
어느 쪽에서도 붙잡고 기댈 수 있나이다

당신은 우리 닫힌 맘 열어 주시니
어머니 맘바다로 한없이 흘러갑니다

* 성모 마리아께 봉헌된 성지.
은백색 둥그런 돌에 손을 얹고 소원을 담아 성모님께 의탁합니다. _2015.3.17.

평화의 시구문

남한산성 순교성지

땅에서 맘 부서지면
하늘에서 밝게 빛나는 별로 살 수 있나요

순수한 믿음
시구문 돌에 피로 새겨져
가슴 아리게 합니다

죄인으로 끌려간
죄 없는 사학 죄인
동문 밖 언덕 아래 시냇물엔
세속의 아픔 씻겨 흐르고

죽어도 믿음 못 버린 당신
좁은 시구문에서
정결한 바람이 되었습니다

* 수백 명 천주교 신자들이 투옥되어 갖은 형벌로 순교한 곳.
성지 순례를 하기 전에는 단풍구경이나 등산하기 위해서 다니던 길이었다. 순교의 얼이 새겨진 이곳에 기도와 침묵으로 순교자님과 무언의 대화를 하게 되었다. _2015.3.14.

가정 성화의 요람

단내 성가정 성지

푸른 빛 휘어감은 와룡산 품
소나무 아래 골골이 떨어진
진복팔단 복된 말씀

매봉산 '검은 바위' 바위굴 속 기도는
산고의 진통으로 성가정 요람 되고

성인들 숨결 머무는 숲속은
새벽 황금햇살보다 저녁 홍옥노을보다
더 고운 님 향기로 가득 찬 이 동산

병들어 끌려가는
할아버지 바짓가랑이 붙잡은 손자와
죽음도 떼어놓지 못한
영원히 함께 가신 길

* 가족 순교자를 기념하는 성가정 성지.
뒷동산에 모셔진 성모님을 꼭 껴안고 귓속말로 '어머니' 하고 부른다.
_2015.3.14.

별들의 고향

미리내 성지

휘광이 번득이는 칼끝에
죽음과 생명이 찰나 순간
죽음은 영원한 생명에게 자리 내어 준다

성 김대건 안드레아 신부
마지막 유언
"이제 죽는 것도 천주를 위한 것이니
나를 위해 영원한 생명이 시작되려 합니다"

인생 막다른 골목길에서
당신 말씀 잊으려 하거든
그대 영혼이 불꽃처럼 타오르던
형장으로 불러 주소서

* 성 김대건 신부와 어머니 고 우르술라, 페레올 주교, 이민식 빈첸시오, 무명 순교자 17위가 모셔진 곳.
새남터 모래밭에 꿇어앉은 젊은 사제의 모습, 생각만 해도 안타까울 뿐이다.
_2015.3.27.

영혼의 등불 되어

손골 성지

난초 향 피어오르는 산동네
성인님 지고지순한 옛이야기 묻어나고

한 자 한 자 눈물에 젖어
이국땅에 온 사제의 고달팠던
삶의 그림자 껴안으면
청솔개비 불 지피듯
부모님 속울음 털어 낼 수 있으리까

당신이 오롯이 걷던 길
두고 온 고향으로 달려가면
하얀 연기로 맵게 타오르던 부모님
갈릴래아 건너편에서 만나리

* 프랑스 선교사들이 언어와 풍습을 익히던 곳으로, 성 도리 신부와 성 오매트르 신부를 기념하는 성지.
많은 세월이 흘러가는 동안 만나 본 적이 없는데 살아 계시는 것처럼 생생하다. 젊은 열정이 넘쳐나는 목자의 음성을 들을 수 있어서 감격스럽다. _2015.3.19.

밀알 한 가족

수리산 성지

어디로 가시나요
누추한 집이지만
오늘 밤은 쉬어가면 안 될까요

멀고 험난한 길
옥중에서 젖먹이와 마지막 이별
텅 빈 어머니 가슴은
애끓는 고통도 잠시 삼킨 채

코흘리개 구걸하여 찾아온 사 형제
단칼에 보내 달라 하소연은
어머니께 드린 마지막 선물

태양이 멎는다 하여도
이런 일 이 땅에 또 있으랴
영원한 일곱별 수리산 한 가족

* 증거자 최양업 신부의 아버지 최경환 프란치스코 성인의 묘소가 있는 유서 깊은 교우촌.
가슴이 꽉 막히는 이분들의 순교를 하느님께서는 다 알고 계시리라 믿습니다.
_2015.7.1.

사랑이란 이름

수원 성지

지울 수 없는 아픔의 순간 지우고
현존에서 영원으로 가신 님

수원성 화성행궁 따라
거리마다 장하치명 참수형
장터마다 교수형 백지사 옥사로
이름 없이 가신 님
사랑이란 이름 남겼습니다

언젠가는 내 이름도
지워지고 말 것을
아쉬울 것 없는 나의 이름 버리고
님 따라 가는 날

이 땅에 사랑이란 이름 남기며
떠날 수 있을까요

* 장하치명杖下致命: 곤장을 맞고 그 자리에서 목숨이 끊어짐.
수천 명 신자의 순교로 수원이 온통 피바다였다. 이 땅의 순교자시여, 사랑합니다. _2015.3.17.

모퉁잇돌이 된

양근 성지

오밋다리
오밋다리 아래로 가지 마소서

하늘의 왕자가
외양간에 나셨다 한들
어찌하여 그곳에 가시나이까

양근천 버드나무 아래
믿음의 씨 뿌리니
동정 오누이 굳게 세운 요람이라네

한강아 너만 유유히 가지 말고
세상 돌면서 님 마중 함께 갈 수 있도록
멈춰 서 다오

* 많은 순교자께서 목숨을 바치니 강물도 흐르지 못하고 멈춰 선 듯 성인들 눈물로 가득 차 있는 것처럼 보입니다. _2015.3.13.

청소년들 어서 오세요

어농 성지

살곶다리
살곶다리 아래로
님이시여 어찌 그곳에 가셨습니까

주문모 야고보 신부 형 집행 순간
새남터 모래밭은 어둠과 광풍에 휩싸이고
해는 빛을 잃고
바람은 울며 달아나고
돌들도 뜨거워 소리쳤습니다

살곶다리 아래서
새남터에서
당신 생애 고난을 잊으려고 끌어안아 봅니다

* 순교하신 분들을 살곶다리 아래 던져 버린 쓰라린 상처. 세월은 2백 년이 지났지만 내 기억을 버릴 수야 없지 않은가. _2015.3.22.

머물고 싶은 곳

요당리 성지

당신 천상 탄일에
첫사랑 위하여
위대하고 숭고한 사랑의 고백

민극가 스테파노 님이 지으신
삼세대의三世大義 노래는
그분 마지막 가는 길에
축가요 이별의 노래인 것을

세상은 다 변하고
세월은 흔적을 남기지 않으나
당신의 노래는 영원하리

* 예수님 때문에 고향에서 쫓겨난 성인도 믿음 때문에 두렵고 떨렸으리라. 오늘 성인 뵈러 가는 길 두렵고 설렌다. _2015.3.22.

천사의 고향

은이 · 골배마실 성지

은이골 밤 깊어갈수록
반딧불이 향연에
무도회가 무르익어 가는데

이 대감 집 문밖에 서서
소리 없이 양들 단잠 깨우는
달맞이 김 신부

산골짜기 풀벌레
합창소리 잦아들면
밤새도록 어머니 그리움에도
울지 못한 눈물방울 옷깃에 박히는데

어머니 만날 수 없는 건
슬픔과 그리움 덩어리
통째로 껴안고 가는
산 같은 그리운 여정

* 성 김대건 신부님이 신학생으로 선발되고 이후 사제가 되어 사목활동을 한 곳.
아담하고 조용한 곳. 아무도 오지 않고 저 높이 떠 있는 해가 정겹다.
_2015.4.9.

두둘기를 잊었노라

죽산 순교성지

잊었네 잊은터를
잊지 못해 잊었네

바벨탑 척화비를
하늘 높이 우뚝 세우고
사학 죄인 색출하는 오가작통
생명의 숨소리 비상망에 걸려
살아서 죽었고
죽어서 다시 살았습니다

후미진 이 골짜기에
함께 묶인 푸른 소나무가
말없이 말을 전해 줍니다

매질로 부서진 몸
애환이 담긴 치명자
피로 물든 두둘기 골짜기를
잊지 못해 잊었습니다

* 무명 순교자들이 끌려와 사형된 곳.
죽음의 골짜기를 간다 해도 주님 함께라면 갈 수 있을까? 살아서 죽음의 골짜기를 지나야 주님을 만나 뵐 수 있을 것 같다. _2015.4.15.

생명수가 솟아나는 곳

천진암 성지

앵자봉 기슭에
성인들 꿈이 깃든 곳

이벽의 노래 천주공경가가 날개를 달고
사학의 꿈이 동트는 새벽을 연다

맑은 샘가에
다람쥐 청설모 모두 모여
강학의 그물에 걸려 창공으로
푸드득 날아오르네

복된 사학의 성인
고난한 육지 지나 바다 건너
황금불마차에 오르던 곳

* 한국 천주교 창립 선조들의 묘역이 조성된 곳.
성인들이 고난의 길을 가셨지만, 하느님 공경가를 받들어 부르며 설레는 맘으로 순교로까지 이어져 황금불마차에 오르셨다는 생각이 들었다. _2015.6.24.

옹기장이
발길 따라
노래하는 시

06 원주교구

용소막 성당

노아의 방주

배론 성지

하얀 향기 내뿜으며
수평선 너머로 당신 함께 가는
천사의 유람선

어둡던 시간 지우고 동트는 새벽
배론 항구에 닻을 내린 영혼의 구조선이 오늘 정박하여
가난한 영혼들 모두 싣고 출발합니다

다시 오는 배
영원한 고향으로 가는
구조선 기다리고 있으렵니다

* 황사영이 토굴에 숨어 백서(帛書, 비단에 적은 편지)를 작성한 곳으로, 증거자 최양업 신부님의 묘가 있다.
이 비좁고 어두운 토굴 속에서 하얀 명주천에 정성스럽게 한 자 한 자 촘촘히 써 내려간 글씨는 천사의 도움 없이는 탄생할 수 없는 신비 그 자체다. 한 송이 어여쁜 하얀 백합이다. _2015.10.2.

그리운 고향

성 남종삼 요한 · 순교자 남상교 아우구스티노 유택지

오늘은 당신 이름이 지워지고
천 년을 다스릴 왕의 자손이 탄생하기에
세상은 죽은 듯이 고요합니다

그 옛날 님 가신 고향
잔버들에서 눈물방울 떨어진 자국마다 핀 꽃을 보며
그리움마저 어찌 잊으라 합니까
봄은 이렇게 시려야만 옵니까

매서운 바람에 자란 정결한 나무
돌풍에 뿌리째 뽑혀
삼 대가 잘려 나가는
수난의 가지들 꺾인 뿌리에
새순이 돋아났습니다

* 걷기가 좋아 앞산 보고 뒷산 보며 걸었다. 한가한 동네였다. 성인께서 가신 길을 마냥 걸었다. _2015.10.2.

말씀과 함께

용소막 성당

말씀은 언제나
없는 길에서 길로 걸어갔습니다

손 내밀지 않아도
마음만 먹으면 열리는
소박하고 낮은 문 용소막

이곳엔
난생 처음 보는 겨자씨가 준비되어 있고
목마르지 않은 말씀생수가 솟구쳐

믿음이 부족한 사람들은
오라 오라 부르시기에
겨자씨만도 못한 믿음 가지고 왔습니다

* 언덕에 아담한 성당이 자리하고 있다. 성당 박물관에는 겨자씨도 있어서 신기했다. _2015.10.2.

셀라 둥둥

풍수원 성당

바람 소리 어깨 스치는
인적 없는 산골 마을

꽃떡도 좋을시고
옹기그릇도 춤추고
성자만 모신다면
푸른 솔아 푸른 바람아
우리 함께 어깨춤 추자

시간아 공간아
활~짝 문 열어라
높고 머~언 데서 성자가 오신다
어라 둥둥 반가워라
셀라 둥둥 성자 살~짜기 오시네

하늘 문 열고 수수만 리 오신
성자와 함께 영원토록 살아보세

* 박해를 피해 온 신자들이 목자도 없이 화전 일구며 옹기그릇 구워서 근근이 생계를 이어가도 불평 없이 기도와 나눔의 신앙생활을 한 기초 공동체의 신선함을 느껴서 시를 쓰면서 노래로 지었다. _2015.10.7.

옹기장이
발길 따라
노래하는 시

07 의정부교구

마재 성가정 성지

정결한 님의 고향

마재 성가정 성지

향기 나는 동네
두물머리 앵자봉 주어사에
성인 기도 소리

북한강 남한강도 얼싸안고
하나 되어 따라 가네

민들레 홀씨 숨겨진 하늘 비밀
신앙 후손들 대대손손 이어 주는 마재여

봄 여름 갈 겨울
머리에 하얀 면류관 받아 쓰고
어서 오라 반겨 주네

* 복자 정약종과 그 가족을 기념하는 성지.
하늘이 허락한 가족 이곳에 다 모였네. 정결한 치명의 피 쪽빛 하늘 바라보니 하늘나라 임금님 성자 예수께서 두 팔 벌려 죄인에게 강복하는 하늘동네 마재여.
_2015.7.3.

정결한 꽃

성 남종삼 요한과 가족 묘소

님 소박한 청백리
정결한 백합꽃

당신의 큰 사랑이
뚜벅뚜벅 서소문 밖 형장으로
무거운 짐 벗으며
실오라기까지도 털어버리고 가신 님

배론산아 잔버들아
그리운 고향을 떠나가시는 님
붙잡지 못한 너도 나와 같구나
병인년 돌고 돌아 다시 온다 한들
가신 고운 님 다시 오리이까

고즈넉하게 살아오신 님
등 뒤에서 언제나 님만 바라보는
잔잔한 바람 되고 싶습니다

* 늘 기도하게 하소서. 당신을 뵙기 전에 준비할 수 있도록, 부푼 희망 좌절하지 않고 꼭 뵐 수 있도록 그날이 언제든 기다리겠습니다. _2015.7.4.

피어난 꽃

양주 순교성지

왕궁 기와지붕엔
하늘이 보이지 않지만
이엉 없는 외양간엔 별도 달도
바람까지도 동고동락한다

사랑 하나 붙잡고
슬픔과 고통의 사잇길에
죽음까지도 슬기롭게 받아 안고
장엄하고 거룩하게 치명하신 날

죄악을 불살라 버린 복되신 님에게
이천 년 하루같이 바람 부는 추운 동산에
홀로 선 십자나무에 목 매달린 사랑이여

* 병인박해 때 순교한 다섯 분을 기리는 순교 터.
한 영혼 한 영혼 다 귀하다는 생각이 내 맘속을 떠나지 않는다. 순교하신 분들에게 다가가고 싶은데 방법을 몰라 이렇게라도 다가간다. _2015.7.6.

한 송이 백합화

황사영 알렉시오 순교자 묘

백서의 주인공 사랑의 밀어가
낯설은 세상에 태어났습니다

황사영 알렉시오
양박청래 원흉이라는
죄 아닌 죄명

동지섣달 살이 에이듯
고난과 서러움 움켜쥐고
능지처사라는 영광의 옷 갈아입고
새 생명으로 영원에서 영원까지
진리와 함께합니다

토굴 속 요람에서 피어난
한 송이 백합화
어여뻐서 향기 따러 왔습니다

* 묘에 풀이 많아 벌초를 해 드리려고 했으나 님의 묘를 함부로 할 수 없어 기도만 드렸다. _2015.7.4.

옹기장이
발길 따라
노래하는 시

08 대구대교구

진목정 성지

교육의 요람

계산 주교좌성당

신나무골 새방골 죽방골
목자 가신 길
당신이 뿌린 씨앗이 파릇파릇 자라나
우리 반겨 줍니다

첨탑 꼭대기의 종소리는
별들의 합창으로 사랑의 애달픈 선율로
어머니 치마폭에 피어납니다

천상 어머니께
한 잎 한 잎에 곱게 새겨 보내려고
매일매일 접어 보는데
아직 보내지 못했습니다

* 사도들의 어머니 성모 마리아께서 언제나 사제들을 지켜 주시니 맘 든든합니다. 어머니께서 어찌 사제만 지켜 주시리까. 당신 부족한 자녀들과 함께하심을 늘 감사드립니다. _2015.10.16.

하늘 가는 정거장

관덕정 순교기념관

산과 물이 어깨동무하고
함께 걷는 마이산 기슭에
맑은 영혼의 숨결이 머무는 역

산 끝자락에
목화솜처럼 하얀 구름 내려와
치명자 포근히 감싸안는다

멍에목 앵무당에서
줄줄이 붙잡혀 온 하늘 섬긴 죄인
상주와 안동 감옥은
하늘 가는 마지막 종착역

당신의 님 오시는 길에
곱게 펼쳐 부르는 노래는
잔잔하게 밀려드는 숨결에 젖어듭니다

* 이윤일 요한 성인의 유해가 모셔진 곳이며, 신앙 선조들이 참수 치명한 터.
아직도 형틀이 남아 있어 순례자들의 마음을 쓰리게 한다. _2015.10.16.

평화로운 감옥

복자 성당

넓은 세상
갈 곳도 숨을 곳도 없는 당신
차라리 감옥은 자유롭다

고통 짊어지고
사랑은 두고 가신 길
이것이 소명의 길인가요

동천강 장대벌
종탑 꼭대기에서 흐르는 피로
밝은 빛 비춰 주니

멀고도 가까운 고향 하늘
두렵고 설레입니다

* 세 분 복자 허인백 야고보, 김종륜 루카, 이양등 베드로의 묘소가 있는 곳. 성당에서 레지오 마리애 단원 장례미사를 함께 드리고, 묘소에 가서 순교 선조님들께 기도하는데 신비스런 충격에 빠져들었다. _2015.10.16.

태양을 입은 어머니

성모당

성모님 당신은
하늘 태양을 입고 오신 어머니

어머니는 밖으로 펴내지 않으시고
자녀들 마음 곰곰이 새기시어
깊이깊이 간직하시니
깊고 넓어서 하늘이 들어 있어요

어머니 생각에 젖어들면
어머니 닮을 수 있겠지요
어머니 저를 꼭 기억해 주시옵소서

* 성모 동굴에 루르드의 복되신 동정 마리아를 모시고 있다. 사람들이 이곳에서 성모님께 기도하면 소원을 들어주신다고 하면서 모두 두 손을 모으고 기도하기에 나도 함께 기도드렸다. _2015.10.16.

하늘 문

신나무골 성지

님 숨결 찾아
청송 노래산 진보 머루산
겨울바람 차디찬 사기 굴
이곳이 당신 쉼터인가요

하늘 맞닿는 한티
가파른 숨결 머무는 곳
어린 배도령 어머니와 함께 가는 하늘 여정

가슴 설레도록 사랑에 눈 어두우면
작두날은 보이지 않고
작두날 끝에 하늘만 보입니까

그토록 귀한 사랑
어찌 꿈인들 꾸겠어요

* 순교자 이선이 엘리사벳의 유해를 모신 곳.
이렇게 순교하신 분들이 우리 믿음을 살찌게 합니다. _2015.10.13.

정겨운 시골집

진목정 성지

세상과 또 다른 세상
굴뚝 연기 피어오르는 범굴

고향으로 되돌아온 당신 찾아
숨 막히게 달려왔습니다

바위보다 더 조용하고
침묵이 저 깊은 강 밑으로 흘러
영혼의 날개 어쩜 그렇게도 곱게 다듬었나요

내 영혼 육체보다 더 무거워
애벌레가 실을 뽑아 나비가 되듯
당신 향한 향수에 젖어 몸부림쳐 봅니다

* 언덕에 자리한 묘가 바로 이웃집 같은 정감이 넘쳐났다. 해가 저무는 시간이라 굴뚝에서 연기도 났다. _2015.11.3.

순교자들을 품은 팔공산

한티 순교성지

산자락이 아름다운
첩첩산중 팔공산 한티골에
마지막 사람들이 남긴 언어들이 모였습니다

가장 아름다운 님
춤과 노래는 작두바람 끝에서
영원한 생명이 시작되고

팔공산 곳곳에
님 함께 불덩이 속에 맨발로 달려간 순간처럼
뜨겁게 달리고 싶습니다

거룩한 이 산에 아름답게 불꽃 일어나
죽음에서 삶으로 건너간 당신처럼
어둠에 진한 새벽 지나면
태양을 만날 수 있으리까

* 순교 선조들이 살았고 처형되어 그 시신이 묻힌 곳.
숨이 막히도록 걸어 올라갔다. 살기 위해 피해 온 곳이 사람이 살 수 없는 곳이다.
_2015.10.13.

09 부산교구

언양 성당

장독杖毒꽃이 웬말인가

김범우 토마스 순교자 성지

높은 산 깊은 계곡 만어산에
을사추조사건 명패가
깃발 높이 올리며 반갑게 맞아 주고

영혼의 함성을 침묵으로
님 함께 무덤 속에 잠든 돌 세 개
잊혀진 주인님 제단 지킴이여

진주보다 더 귀한 말씀
님 함께 유배 삶도 기쁨으로
만어산 금장굴 엄동설한에
당신 몸 상처마다 장독꽃이 웬말인가

오늘은 님께 달려와
작고 깨지기 쉬운 맘속에도
따스하게 모실 수 있을까요

* 삼랑진역 택시로 찾아간 김범우 님 묘소는 잘 정돈되어 있었다. 님은 명례방을 공동체에 내어놓고 성모 동굴 성당을 봉헌받았다.

_2015.11.11.

숨결 고르던 동산*

살티 공소

숨 죽여 숨어든
가지산 살티 골짜기에
도래바람 불어왔습니다

그 바람에
종지뼈에 핀 장독杖毒꽃에 지고
사학 죄인 땅 일구어 사랑의 씨 심을 적에
봄은 멀리 있었습니다

님 살던 높은 고지
배고픈 씨앗 뜨거운 눈물에 적셔도
도래바람 원망하지 않고
라일락 꽃동산 이루었습니다

행여 벌나비 초대할 때
불러 줄 수 있겠습니까

* 김영제 베드로와 김 아가타 남매의 묘가 있는 곳.
가을 끝자락에 파란 잔디가 펼쳐진 동산이었다. 굴속에서 숨어 살던 그때 그 시절을 잊은 채 지금은 평화로이 잠들어 계십니다. _2015.11.4.

태양도 놀라 멈춰 선 순간

수영 장대 순교성지

목마르다 하고
진리 애타게 호소하며
목숨 바치는 순교 형장을 바라보던
지구도 놀라 멈춰 섰고

님 순수한 사랑은
무거운 침묵으로 고백하고
돌탑도 군졸들도 눈부신 광채로
눈은 감기고 귀가 닫히니

장대 끝에 매달려
아파도 울지 못한 당신은
꺼지지 않는 밝은 등불 되어
그 안에 태양도 숨어드네

아직도 장대 끝에
흘러내리는 피 한 방울까지
맘속에 담아 소중히 간직하리

* 복자 이정식 요한과 양재현 마르티노를 비롯한 여덟 분이 참수형으로 죽음을 맞은 곳. 하늘에 바치는 사랑이 어찌 다 같으리까. 그 무시무시한 시퍼런 칼날 앞에 두렵지 않은 자 있으리오. 오~장하다! _2015.11.12.

성모 동산으로 오르기

언양 성당

땅에서 하늘로 가는 길
어떻게 가야 될지
어둔 밤 도와주세요

세상에는 많은 길이 있어
보고 듣고 애써 보지만
미로 같은 골목길에서 서성입니다

어머니 가신 지혜의 길 가고 싶어
어머니께 의탁하러 왔습니다

* 성모동굴로 가면서 생각했다. 하늘에서 오신 성모 마리아님이 동산에 계시기에 그 많은 성직자와 수도자가 배출되지 않았을까. 성모 동산도 성당 유물도 제대의 꾸밈도 다 새롭다. _2015.11.13.

성인들 옥중 편지

오륜대 순교자 성지

된바람 소리에도
흔들리지 않는 마지막 시간
이곳에 갈무리하였습니다

한마음 한 공동체
오라버니 성 아부지 오매
한 형제로 여기 모였습니다

돌풍에 떨어진
푸른 잎들이 차곡차곡 쌓여
거룩한 순교자 이름으로
하늘 영광 더 높이 노래하오리라

* 수영 장대에서 순교한 네 분과 순교 성인 26위의 유해를 안치한 곳. 역사를 되돌려 순교자들의 열정을 본받고 싶다. 펠리칸이 된 순교자들을 껴안고 싶다. _2015.11.12.

마지막 십자성호로 응답

울산 병영 순교성지

담담하고 당당하게 내맡기고
새치벌 돌풍에 진 용감한 치명자여
감추어진 하늘 밭에 묻힌 진주

장대벌 장대 끝에 매달려서 쏟으신 소중한 피는
온 맘 다하여 몸짓으로 이야기하고

칠흑같이 어둠으로 덮친 사람의 맘
울창한 숲속보다 더 어두운 첩첩산중

호랑이굴 범굴 속 님의 삶은
동천강 언덕에 우주를 한 몸에 안고
황금 햇살 머금고 다시 태어나니
사랑이라는 이름이 더욱더 아름다워라

* 병인박해 때 순교한 세 분 복자와 많은 신자가 처형된 순교 터.
성당 안에 동그랗게 놓인 의자에 앉았다. 서늘한 공기가 순교자들의 아픔으로 다가왔다. 죽인 자도 죽은 자도 다 떠나간 이곳에 당신들 발자취 따라 걷고 싶다.
_2015.11.3.

의좋은 형제

조씨 형제 순교자 묘

초라한 나무 상자 속
하늘 담아 등에 업은 유배살이
가슴으로 외친 사랑은
하늘도 울렁했습니다

"형님 목에 십자가 꽃 피었네"
왜장대 별들 우수수 떨어져
그 별 담으려고 왔습니다

사랑의 심볼이 된
형님 알몸 갈대옷
아우 알몸 이엉옷
감히 만질 수 있겠습니까

조씨 가문 외면으로
배씨 가문 언덕 위에 핀
한 떨기 찔레꽃

* 신앙을 증언하다 참수당한 순교자 조석빈과 조석증 형제의 묘소가 있는 곳. 천주교인들을 징계한 귀양살이로 오히려 유배지에서 복음을 전파했으니 이는 하느님의 섭리일지도 모른다는 생각을 하게 된다. 오묘하신 하느님의 섭리! _2015.11.12.

한국의 카타콤

죽림굴

왕방재 고개 너머
간월산 상상봉 대나무 천연석굴 속
숨어 있는 카타콤 안의 사람들

추위와 배고픔보다 더 매서운 바람 불어와
토굴 앞 검은 발자국 소리 기웃거릴 때
최양업 신부 짚신 삼아
동정 아가타 동냥으로 빌어온 양식
오장방아로 찧어 오장으로 익혀 주니
굴뚝 없는 조촐한 식탁

칠흑 밤길 별 보고
폭포수 소리와 어우러진 숨고르기
님 가냘픈 삶에 놀라 밤잠 설칩니다

* 죄 없는 죄인들 숨어 살던 이 동굴에 애정이 듬뿍 듭니다. 추위와 더위와 배고픔과 온갖 날짐승 떼, 포졸들의 아우성 소리, 얼마나 고통스러우셨을까! _2015.11.11.

옹기장이
발길 따라
노래하는 시

10 청주교구

배티 순교성지

칠고의 어머니

감곡 매괴 성모 순례지 성당

날마다 순간마다
어머니로 산다는 것은
두려움과 사랑의 연속이지요

천상의 어머니 마리아시여
털끝만큼이라도 어머니 마음 헤아릴 수 있겠습니까

말씀해 주세요
당신 칠고의 사랑을

천상의 어머니
오늘은 빨간 카네이션 가지고 왔습니다

* 성모 칠고
1. 시메온의 예언(루카 2,34-35)
2. 이집트로의 피난(마태 2,13-18)
3. 예수를 성전에서 잃음(루카 2,41-51)
4. 예수 십자가를 짐(루카 23,26-32)
5. 예수 십자가에서 죽음(요한 19,25-30)
6. 예수를 십자가에서 내림(요한 19,38-40)
7. 예수 무덤에 묻힘(요한 19,41-42)

* 성당 위 터에 자리한 성모님이 굽어보신다는 느낌이 든다. 어딜 가나 성모님이 계시니 우리는 참으로 행복하다. _2015.9.12.

떠돌이 신앙인

배티 순교성지

삼천리 방방곡곡 골짜기마다
골골이 밭갈이 치명자

맨발로 쫓겨난 도망자
밤마다 골짜기에 숨어들어
계수나무 달밤에 눈물로 뿌린 씨

민들레 홀씨 머리에 왕관 쓰고
바람 가마 타고 시집가 신방 차리니
가는 곳마다 사랑의 씨앗 움텄네

* 1백 년 박해 기간에 배티 골짜기에 형성된 열다섯 곳의 비밀 교우촌. 하늘의 섭리로 믿고 싶다. _2015.7.9.

목자들의 발자취

연풍 순교성지

소백산 능 골골이 뿌려진
님 가냘픈 숨소리
밤이슬에 젖어들고

당신의 님을 위한 거룩한 고백
육체 불살라 버린 영혼의 기쁜 손님
어두운 밤 수구문 밖 밝혀

오로지 님은 님 위해 흘리신 피
온 땅 구원의 햇살로 밝히고 가신 님

* 연풍 병방골은 황석두 루카 성인의 고향이며, 연풍 성지에 성인의 묘소가 있다. 줄줄이 엮여 끌려가 죽음 앞에서 신앙을 지키신 순교자들의 위대한 신앙이 참으로 부러웠다. _2015.9.12.

11 마산교구

복자 정찬문 성지

'품'자로 다시 태어나다

대산 성당

막 피어난 가녀린 꽃
당신 이마에 피로 새겨진 '품'자

티 없이 맑으신
천상 어머니 따뜻한 품이 내려오신 겁니까

모든 삶이
님 천상 어머니 '품'자로
듬뿍 취했으면 좋겠습니다

* 23세에 장독으로 순교한 구한선 타대오. 죽은 뒤 이마에 '품品'자로 붉은 점이 찍혀 있었다고 한다. _2016.1.8.

말씀 항아리*

명례 성지

물 맑은 명례 나루터 하늘 건널목에
누구도 보이지 않게
깊이깊이 숨어 있는 복된 말씀

낙동강 지평선 너머로 님 향기 밀려와
낮과 밤이 서로 모자람 채워 가며
옛이야기 도란도란 풀어 가네

해 뜨고 질 때까지 짊어지고 다니신
말씀 항아리에 보화 가득 싣고
바다 건너 산 너머 오신 님

그 보물 어깨에 메고 오시는
신 마르코 당신

* 이곳 출신 순교 복자 신석복 마르코를 기리는 곳.
서산을 넘어가는 해를 붙잡고 싶었다. 땅거미가 내려 어둑어둑해졌기 때문이다. 외진 곳을 찾아 걸어 올라가기가 쉽지 않았다. 묘 앞에 엎드려 큰절을 올리고 나니 홀로 계신 복자 신석복 마르코 순교자님이 쓸쓸해 보였다. _2015.11.15.

쫓겨난 무덤

복자 박대식 빅토리노 묘

세상은 어둠 속에 깊이 잠들어
새벽이 오는 줄 모를 적에

당신은 하늘의 별을 보며
유랑천리 길도 마다하지 않으며
오로지 진실 위하여 몸 바치니
당신 영혼에서 진실이 우러나오네

님 가신 길에 뿌리신 진실의 씨앗
사랑이란 꽃으로 피어나
지구는 향기로운 들꽃마을

이 길을 걷는 이는 복되어라

* 꽃은 봄이 오기를 기다립니다. 그러나 당신은 항상 봄입니다. 당신을 매달고 있는 꼭대기는 언제나 봄입니다. _2015.11.11.

고통은 기도에 힘입어

복자 윤봉문 요셉 성지

당신 가신 길
높은 산과 골짜기는 옥토 이루고

칡넝쿨로 칭칭 감아
뚫어진 발뒤꿈치로
땅 파고 지혜의 씨 심으니
풀벌레 날갯짓에
지구가 휘청거리네

날품팔이와 행상으로
복된 씨앗 나르고 뿌리며
심고 가꾸신 바쁘셨던 나날

눈 깜짝할 찰나 눈부신 빛에 휘감겨
천 년보다 더 값진 시간 되니
얍복 나루 건너가신 님

* 묘 뒤쪽으로 대나무가 많이 있었다. 성인의 절개만큼이나 곧고 큰 대나무는 빽빽하게 성인의 신앙을 옮겨 놓은 듯 푸르고 싱싱했다. _2016.11.18.

무두無頭

복자 정찬문 안토니오 묘

땅은
천 가지 언어로
살기 위해 바쁘고

하늘은
침묵에 침묵으로
쉼 없이 땅에 별 찾아 나선다

매 맞아
살결에 피어난 붉은 꽃
꽃은 아파도 울지 못하고
웃어야 하나

장독杖毒에 진 가녀린 꽃
허유고개 너머 손 흔드는 향기
다시는 헤어지지 말자 하네

* 남편 순교 후 아내는 고향을 떠난다. 하늘만 바라보며 기도한 여인의 아픔을 지금 나인들 껴안을 수 있을까! _2016.11.8.

12 안동교구

신앙 고백비

회오리바람에 지다

마원 성지

따뜻한 마음들이 모여 사는
소박한 산마을에
해맑은 미소들이 꿈을 캐던 곳

정결 하나로 목숨까지 내놓고
먼 나라로 하얀 꽃송이 보고 싶어 왔습니다

당신은
잡초에 이름표 달아 주고
마른 가지 실핏줄에 맑은 피 흘러가니
강산도 푸릅니다

당신
알뜰하고 달콤하게 취한 사랑
첫사랑과 함께 영원하소서

* 하늘만 바라보며 한 점 부끄럼 없는 맑은 영혼 박상근 마티아 순교자님, 오늘에서야 당신께 왔습니다. 너무도 늦었습니다. 기도해 주십시오. _2015.10.13.

믿음의 비

신앙 고백비

미루나무 뒤에서
오롯이 바친 침묵의 기도가
좁은 문 열었습니다

석단산 쌍바위에
혼신 다해 바친 신앙 고백비는
잊혀진 별인가

무죄한 순교자
화영바위 불 속에서 바친
님 위대한 신앙고백이
오늘도 어둠 불태우고 있습니다

드러내지 말고 기도하라는 님의 삶
맘속 깊이 간직하리

* 김삼록 도미니코 님의 신앙 고백비 앞 밭에 나무에서 떨어진 대봉이 많았다.
_2015.10.13.

봄으로 가는 길목에서

여우목 성지

살기 위해 삶을 버린 치명의 꽃
이토록 아름다울 줄이야

여우목 공동체에 사학 죄인
팔십 노파도 노상을 붉은 피로 적시고
피고름에 젖은 멍석 허기진 배 채우며
앙상한 뼈만 남아도 함께 가신 길
알뜰히 간직한 소중한 사랑

세파에 지친 이 영혼
검푸른 새벽 별 머리에 이고 홀로 걸어갑니다
아직도 하늘나라는 멀고 먼 나라

어서 오소서
애틋한 이 맘 받아 주소서
당신의 지혜로 맺은 첫사랑으로
우리 위로해 주소서

* "나는 이제 치명하러 가니 너희는 가서 열심히 수계하다가 나를 따르라."(이윤일 요한)
쌀쌀한 늦가을 저녁노을이 붉게 물들이고 있었습니다. _2015.10.27.

수계 선비 홍유한 선생

우곡 성지

소백산 구고리로
피난 온 수계 선비
칠극의 신비로 숨어들고

쪽빛 하늘 바라보며
사무치게 그리운 님 계신 곳
정결의 덕 무기 삼아
안으로 가득히 고여
밖으로 흘러넘쳤습니다

문수산 끝자락에
밝은 웃음으로 전해 주는
정결의 꽃

행여나 그 고운 꽃잎에
눈물방울 떨어지면
어찌하면 좋아요

* 세례를 받지 않고도 수계생활을 하니 색상 고운 낙엽을 닮았다. 그런 낙엽이 마당에 우수수 떨어져 지친 몸 순식간에 위로해 주었다. _2014.10.13.

재 넘으면 보이는 하늘

진안리 성지

애환이 서린
전설의 고향
조령 이화령 하늘재 넘으며

사랑 때문에 눈멀어
어둔 세상 밝히려고
가난한 이 친구 되고

피땀에 젖으며
죽음의 골짜기 넘나들어도
가고 또 가며 땀에 젖은 손수건

온 맘과 영혼까지 다 바친
가난한 삶이여

* 증거자 최양업 토마스 신부님이 선종한 곳.
최양업 신부님의 번역서 〈성교요리문답〉 〈천주성교공과〉 등 교리 문답서, 기도서를 보면서 이런 보물을 내가 볼 수 있고 소유할 수 있다는 것이 감격스럽다.
_2015.11.4.

시골집 풍경

홍유한 고택지

이름 없는 야생화
하늘과 땅에서 일어난 일
천지 만물의 이치
소리 없이 전해 주고

푸른 소나무 숲 사이사이로
한 줄기 빛만 내려오는 곳에
꼭꼭 숨어 사는 님

문수산 끝자락에 숨죽여
하늘만 보며 핀 해당화여

* 해 질 무렵 긴 내 그림자를 보며 찾아간 곳은 돌보는 이 없는 폐가였다.
_2015.11.11.

옹기장이
발길 따라
노래하는 시

13 광주대교구

한국레지오마리애 도입기념비
LEGIO MARIAE
레지오 마리애는 1921년
9월 7일 아일랜드 더블린
시에서 탄생된 평신도 신심
단체이다 한국에는 1953년
5월 31일 당시 교구장이신
현 하롤드 헨리 대주교의
지도로 산정동 본당에 치명
자의 모후와 평화의 모후
경동 본당에 죄인의 의탁
쁘레시디움이 설립되었다
성모님의 군대인 레지오
마리애가 전국에 확산되자
꼰칠리움(세계 중앙평의회)
은 1956년에 북동 본당에
꾸리아를 설립하고 같은 해
12월 코미시움으로 승격시켰
으며 1958년에는 한국 레지
오의 지도적 역할을 담당하
도록 광주 중재자이신 마리
아 세나뚜스를 승인하였다

천 년 숨결이 머무는 곳

가톨릭 목포 성지

천 년 숨결 간직한
물 맑은 영산강아
잠든 영혼 흔들어 님 마중가세

무학당 앞 석침사石針死로
만 번 죽어도 못 버린다는
소중한 믿음

세찬 바람도 끄지 못한
영혼의 등불
성령 안에 안긴 님

벌겋게 타오른 발등의 불도
거대한 바위 밑에서
산산이 부서지며 죽음 이기고
보석으로 다듬어진 당신 영혼

* 레지오 마리애를 한국에 처음 도입한 본당. 성모님 성상이 한결 더 커 보였다.
_2016.11.8.

하늘 연못

곡성 옥 터

지리산아 섬진강아
너는 보았지
유배지로 감옥으로
끌려가는 영혼을

옹기장이 옹기굴에서
타오르는 불꽃 축하연
목숨 주고 생명 찾는
심산유곡에 핀 꽃

옥에 갇힌 몸 옥사로 열리니
햇살이 부서지고
별빛이 쏟아지는 옥 터

사랑의 샘 하늘못에
우리 영혼 씻으면
영원한 생명 얻으리

* 옥 터에 들어서니 감옥 문이 열린 듯 두려운 맘이 들었다. _2016.11.9.

하늘 보물창고

나주 순교자 기념 성당

폭풍의 산비탈 너머로
하얀 눈 속 빨간 동백꽃 되어
이 강산 곱게 물들인 님

순교자 옥에 갇혀도
영혼은 자유롭게 창공을 나르며
사랑의 뜰에서 마음껏 부르는 노래 감미로워라

몽땅 주고 되찾은 생명
임금 잔칫상에 헤나 꽃송이어라

아무리 고와도 땅에 핀 꽃 한철이요
님 영원히 지지 않는 꽃
하늘 정원에 옮겨 심은 꽃

* 넓고 푸른 하늘이 내려온 것처럼 순교자님들의 뜰을 거닐고 있으니 신자답게 살지 못해 부끄러운 맘 어찌할꼬. _2016.11.9.

14 전주교구

숲정이 성지

축복의 종소리 들으며

나바위 성지

흔적도 없이 지워진 시간이
더 가까운 거리로 다가옵니다

거친 파도 속에
님 싣고 오는 작은 라파엘호
소리 없이 큰 기적 울리는 항구입니다

이슬 머금고 막 피어난 청순한 꽃
시공간 너머로 사랑 듬뿍 싣고 오십니다

별아 달아 바람아 어서 와
우리 함께 님 마중 가세

* 성 김대건 신부님이 중국에서 사제품을 받고 입국할 때 첫발을 디딘 곳.
금강물이 굽이굽이 흐르는 평야 한가운데 사발을 엎어 놓은 듯 작은 산이 있다. 성지가 끝나는 지점에서 산들바람이 솔솔 불어오는 아담한 성지다.
_2015.10.4.

애가

서천교

죽은 듯이 밀려오는
폭풍 전야
노끈에 묶인 별 하나가
빛으로 외줄 그으며 우주로 날아갔다

훈훈한 봄바람이 불면 다시 만나자는 약속 남기고
서천교 용머리 막고개에서
총총히 빛나는 별 되어 떠나갔다

못다 한 이승 짧은 삶은
시간 끝자락에서
한 송이 꽃으로 다가서리

죽어도 죽지 않는 불변의 진리
아픈 만큼 더 곱게 피어나리

* 조윤호 요셉 성인이 순교한 곳.
서천교 밑을 걸었다. 잡초 우거진 사이로 길이 있었다. 말없이 한참을 걸었다.
_2015.9.16.

실개천에 봄이 왔다

초록바위

실개천 가에 피어난 모란꽃 향기
발걸음 멈추게 합니다

곤지산 싸전다리
가파른 초록바위 언덕
노송나무 가지에 매달린 모란꽃 한 송이가
향기로 날아와 삼종을 울립니다

님 잠들었던 후미진 그곳에
맑은 시냇물 흐르고
잠든 물고기 깨어나 꼬리 젓는다

아파도 울지 못한 꽃이여
조촐한 이 맘 드리니 함께하소서

* 남종삼 성인의 아들 남명희와 순교자 홍봉주의 아들이 순교한 곳.
초록바위를 보고 또 보고 손으로 어루만지며 돌아설 수 없었다. _2015.9.16.

풀처럼 살고 떠나가다

여산 하늘의 문 성당

보이지 않는 사랑
그 사랑 깃든 이곳

바람은 날개 잃어버린 날
나르는 새 날개 접은 날

칼끝에 파란빛 타고
창공에 날개 펴고 날아가고

가장 먼 곳을
가장 가까운 길로 거슬러 가신 님

천사가 함께 가신 길
길이 없어도 길이 되는 길로

* 칼 쓴 죄인들은 형장 풀밭에 가서야 칼을 풀었고, 얼마나 굶주렸는지 짐승처럼 풀을 뜯었다고 한다. _2015.10.4.

무궁화꽃이 핀

전동 순교성지

아픔도 잊은 채
참신한 고백으로
하늘 문 열린 날

눈이란 눈 다 모인 풍남문 누각에
함께 매달렸던 돌들이
목청껏 순교 영광을 노래하네

우상 불태운 죄 참수형에
세상은 암흑에 빠져들고
지혜를 모르는 무지는
자기 가는 길을 알지 못하리

뜨겁게 살고
뜨겁게 죽는 법 배워서
영원한 생명 되게 하소서

* 한국 최초의 순교 복자 윤지충과 권상연이 진산사건으로 순교한 터.
순교의 얼이 깃든 곳, 비둘기 떼 한가로이 모이를 쪼는 모습이 평화롭다.
_2015.9.16.

옥중 편지

전주 숲정이 성지

죽고 다시 살아온 생명
영롱한 햇살 모인 곳

해진 치마폭에
절절히 적은 동정의 삶
다시 만날 날 약속하며
옥중 편지 곱게 접어놓고
홀연히 떠났다

장대 건너 범바위 밑 도랑에
명패 안고 곱게 핀 고운 백합화

오누이로 맺은
동정 부부 사랑 영원하리

* 닫힌 맘 열어 주는 문이여, 말문이 턱 막히는 순교의 형장에서 오늘 나는 슬퍼야 할지 기뻐야 할지…. 아무것도 모르는 나도 주님은 사랑해 주신다. _2015.9.16.

가시관에 핀 어사화

천호 성지

바람도 숨죽인 첩첩산중
하늘 품은 다리실 죄인들이
하늘 부르며 급히 떠나갔다

"오늘 우리는 천국으로
과거 보러 가는 날이다
정말 기뻐해야 하는 날이다"(정문호 바르톨로메오)

님 비옥한 영혼에게
떨어진 한 알의 밀알이
신앙의 텃밭으로 가꾸어진 날

죽음 이기고
천사들 환호 속에 금의환향하리니
님 가시관에 핀 어사화

* 사람 사는 세상을 피해 격리된 삶을 선택했으나, 믿음을 실천하며 기쁘고 자유로웠던 삶이 아니었을까. _2015.10.4.

연못에 핀 백합화

초남이 성지

사랑채 행랑채
선비네 구성진 노랫소리

천주공경가
울타리 넘어서
산과 들과 숲 사이 지나
천 년 고목도 새순 돋았네

부귀영화 다 버리신 당신에게
하늘을 이고
하늘을 버린
영적 소화장애자들 그물에 걸려
대역부도大逆不道죄가 웬말인가

사랑채 행랑채
선비님 노랫소리는
정지샴에 핀 초연한 백합화

* 호남의 사도 복자 유항검 아우구스티노의 생가터.
오, 꽃보다 아름답고 위대한 순교자여! _2015.9.16.

북두칠성 항아리

치명자산 성지

하늘의 평화로
유항검의 온 가족 아픔도
신앙으로 알뜰하게 품어 안고

산 같은 절벽과 같은 시련 뒤로 하고
어머니 그리움 달처럼 외롭게 떠서
초남리에서 치명자산까지
멀고도 먼 동정녀로 가는 길

하늘 품은 고결한 신앙은
하얀 옹기 안에
한 가족 일곱 별로
굽어진 기린 능선 비추고 있다

루갈다산 오르는 순례자들이
거듭거듭 새롭게 태어나는 좁은 문

* 복자 유항검과 가족 6위의 묘와 복자 유중철 요한과 이순이 루갈다 동정 부부가 합장된 곳.
여러 차례 갔지만 갈 때마다 신성한 감이 온몸을 휘감는다. 마음이 아주 고요해진다. _2015.9.16.

15 제주교구

황사평 성지

흑장미

관덕정 순교 터

용광로에서 피어난 님은
가시 없는 흑장미

민란의 진흙탕에서
말없이 정자나무에 묶인
믿음의 백성들
죽음도 마다하지 않고

검은 꽃 흰 꽃이라 하여도
신앙과 바꿀 수 없던 당신

무죄한 이 피로
용광로 속에 피어난 흑장미

* 제주 신축교안 때 많은 신자가 민란군에게 처형당한 곳.
  이해할 수 없는 일. 마음 아픈 일. _2016.11.16.

성령께 붙잡힌 행운의 성자

복자 김기량 펠릭스 베드로 순교 기념관

초연히 서서
우리에게 말해 주고 싶은
하늘나라 소식
가까이서 전하고 싶은 님

"어와 벗님네야
치명致命길로 횡행하세
어렵다 치명길이야
평생 소원 사주모事主母요
주야 앙망 천당이로다"(김기량 베드로 펠릭스)

산과 바다 종행무진하신 님
천 길 절벽 앞에서도 자유롭게 가신 길

고난의 가시밭길도
오로지 기쁨 맘 간직한 채

* 횡행: 거침없이 나아감. 사주모: 하느님과 성모님을 섬김.
인생은 고달픈 나그넷길이라지만 그 옛날에 이토록 숭고하고 열렬한 신앙을 전해 주신 순교자님께 뜨거운 감사를 드립니다. _2016.11.15.

애초리 가는 길

대정 성지

모슬봉 푸른 하늘 아래
피어나는 빨간 동백꽃

동지섣달 뜨는 달은
애초리로 귀양 가고
하지에 뜨는 달은
추자도 갯바위에 숨어드네

설풍 마주한 앳된 엄마 빈 젖에
찬바람 가득하니
배고픈 아들 울음 섞인 목소리인가

사학을 버릴 수 없고
두 살배기 아들 내려놓고
쓰라린 가슴 안고 돌아선 엄마

젖먹이 아들 지키기 위해
생이별한 위대한 어머니

* 귀양 가는 엄마는 죄 없는 죄만 가지고 쫓겨 갔다. _2016.11.15.

꿈이 아니겠지요

새미 은총의 동산

그늘진 영혼들이
맑게 씻겨 새로워질 수 있는
에덴의 새미동산

당신 말씀 풍성한 이시돌 밀밭에
사뿐사뿐 거니는 발자국 소리
혹여 님 오시나

당신 만날 수 있다는
장밋빛 꿈에 부풀어

살짝 떨어지는
낙엽 소리에도 가슴이 설렙니다

* 성 이시돌 목장이 있는 여기도 에덴의 동산이라고 생각합니다. 주님은 어디나 다 계시고 구분이 없으니까요. _2016.11.15.

사제님이 오신다

용수 성지

님 오시는
상해항 기적 소리
님 싣고 오는 천사 라파엘호

바다는 산과 별
달과 하늘까지도 품고
잠든 바다 화가 나면
거꾸로 일어선다

어서어서 님 마중 가세
달무리에 희미한 그대 모습
별을 품고 오시네

저 달이 해안에 잠들기 전에
어서어서 님 마중 가세

* 그저 감격스럽습니다. 말로 어찌 다 표현하겠습니까. 우리 한국에 첫 사제가 되어 오신다니 하늘의 임금이 내려오시는 듯 큰 기쁨! _2016.11.16.

외로운 삶

황경한 묘

수평선 너머로
물결도 세월을 곧게 이고 달려와
우뚝 서 있습니다

신대산 기슭 대정골에
서럽던 눈물 쏟아
아리랑 아리랑 아라리요

이별 없는 하추자도 영원한 고향
님 잠든 섬 아리랑 아라리요

무덤에서 일어나
갯바위로 돌아가세
그곳에 지금 어머니 기다리네

* 황사영 알렉시오와 정난주 마리아의 아들 황경한, 생각만 하면 가슴이 울컥 설움이 치밀어 오른다. _2016.11.16.

하늘 정원

황사평 성지

형제자매들이 함께 모인
기쁨과 사랑으로 하나 된 동산

강 건너서 온 꽃씨
모두 나와 환한 미소 짓고 있다

멀리 가지 않아도
높이 오르지 않아도
두고 온 고향 하늘이 보인다

바다 건너온 샛노란 꽃이
화들짝 반겨 주는 평화의 동산

* 신축교안 때 희생된 무명 순교자들이 묻힌 곳.
유난히도 화창한 제주의 봄날, 황사평 묘지에는 많은 무덤이 있었다. 순교의 얼로 태어난 것처럼 노란 꽃이 가득 피었다. 순교자 무덤을 꽃들이 함께하고 있었다.
_2016.5.20.

IMPRIMATUR

suvone, Die 20 mensis Februarii, 2025
+ Matthias I, H, RI
Episcopus Suvonensis

옹기장이 발길 따라 노래하는 시

지은이 | 이안옥
2025년 2월 20일 교회 인가(수원교구)
초판 1쇄 발행 | 2025년 2월 25일

펴낸이 | 장말희 **펴낸곳** | 도서출판 장락
주소 | 경기도 성남시 분당구 발이봉로 15번길 8-3, 101호
전화 | 031-716-7306 **팩스** | 031-714-7319
출판등록 | 1991년 7월 25일 제21-251호
디자인 | 디자인 아르시에

값 10,000원
ISBN 978-89-91989-11-5 03810